AF383677

VOYAGE AU HAVRE

DE

LEURS MAJESTÉS IMPÉRIALES

Les 5 et 11 Août 1857.

VOYAGE AU HAVRE

DE

Leurs Majestés Impériales

Les 5 et 11 Août 1857.

Relation écrite sur des Documents officiels.

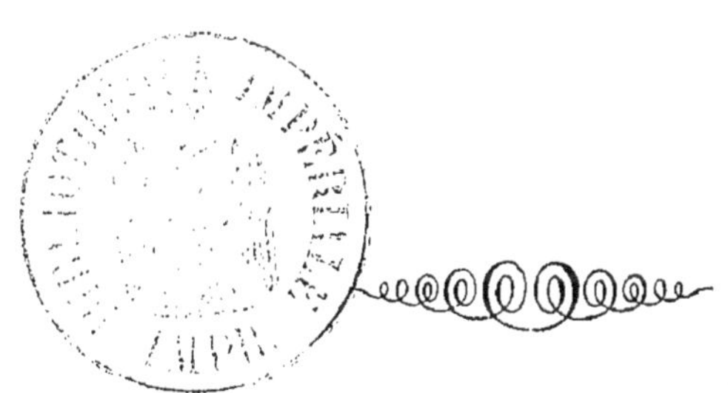

HAVRE

IMPRIMERIE DU COURRIER DU HAVRE

CARPENTIER ET COMPAGNIE

Rue de la Halle, 29.

1857.

VOYAGE AU HAVRE

DE

LEURS MAJESTÉS IMPÉRIALES

I

En 1849, le Prince-Président de la République visitait
la ville du Havre. Le parti républicain qui venait de voir
la volonté nationale lui arracher le pouvoir, avait tout
combiné pour transformer la réception de l'hôte illustre
de notre cité, en une scène outrageante dans laquelle et

le cri légal de *vive la République*, répété avec affectation, et le langage officiel, s'associaient d'une manière regrettable.

Le Prince, objet de ces démonstrations, sut bien distinguer l'œuvre d'une faction remuante des vrais sentiments de la population indignée. Il avait compris que, dans une ville de commerce pour laquelle la paix et la tranquillité sont de puissants éléments de prospérité, son Gouvernement réparateur devait rencontrer de vives sympathies. Aussi son noble cœur répondit à l'outrage par des bienfaits.

A peine Napoléon III avait-il été appelé au trône impérial par cinq millions de suffrages, qu'il s'occupa des destinées de la ville du Havre. l'Empereur savait que notre ville étouffait dans son étroite enceinte, que le vœu des populations appelait et la réunion d'Ingouville, de Graville et de Sanvic au Havre pour n'en faire qu'une seule ville, et la suppression d'absurdes fortifications devenues un obstacle à l'agglomération de la population. La réunion des communes bientôt prononcée ne tarda pas à être suivie de la suppression des fortifications. *Ce fut l'œuvre exclusive de la volonté de l'Empereur.*

La ville du Havre avait contracté envers Sa Majesté une dette de reconnaissance ; elle avait une revanche à prendre de la réception de 1849. Une occasion favorable était

impatiemment attendue par nos concitoyens. L'inaugu-
ration du nouvel Hôtel-de-Ville, bâti sur l'emplacement
des anciennes fortifications, était désignée par la voix
publique comme étant le moment convenable pour
prier S. M. l'Empereur d'honorer notre ville de sa pré-
sence et de venir voir par lui-même ce qui avait été fait
et ce qui restait à faire.

Une occasion inattendue se présenta et fut saisie avec
empressement. Les journaux annonçaient que l'Empereur, accompagné de l'Impératrice, devait se rendre dans
les premiers jours d'août à Osborne (île de Wight)
auprès de la reine d'Angleterre. Le port du Havre paraissait naturellement désigné pour l'embarquement de
Leurs Majestés. L'administration municipale, se rendant
l'organe du vœu unanime de la population, appela le
Conseil municipal à délibérer sur le point de savoir s'il
ne conviendrait pas de solliciter la préférence de l'Empereur pour le Havre.

Le Conseil s'associa avec empressement à cette pensée,
et, dans la séance du 7 juillet, prit la délibération suivante :

« Le Conseil, organe naturel des vœux de la popula-
» tion havraise, se joint unanimement au premier magis-
» trat de la cité pour demander que S. Exc. M. le
» ministre de l'intérieur veuille bien supplier respec-

» tueusement Leurs Majestés de passer par le Havre, soit
» en allant en Angleterre, soit à leur retour, afin qu'en
» appréciant les heureux effets déjà produits par le
» double bienfait de la réunion des trois communes et du
» déplacement des fortifications, l'Empereur puisse jeter
» un coup-d'œil rapide sur les progrès restant à accom-
» plir et se former une opinion personnelle sur les ques-
» tions de détail qui tout récemment ont motivé des
» observations parvenues jusqu'au pied du trône. »

Cette délibération fut transmise à S. Exc. le ministre de l'intérieur par l'intermédiaire de M. le Sous-
Préfet et fut mise sous les yeux de S. M. l'Empereur. Sa
réponse ne se fit pas attendre. Nous reproduisons la
dépêche dans laquelle elle est contenue :

« Rouen, le 17 Juillet 1857.

» Monsieur le Sous-Préfet,

» J'ai reçu de S. Exc. le ministre de l'intérieur la
dépêche suivante, dont je vous prie de donner communication à M. le Maire du Havre.

» Monsieur le Préfet, j'ai mis sous les yeux de l'Em-
» pereur la délibération par laquelle le Conseil muni-
» cipal du Havre exprime le vœu que Leurs Majestés

» Impériales daignent passer par cette ville pour se ren-
» dre à Osborne.

» L'Empereur me charge de vous faire connaître qu'il
» s'embarquera au Havre avec S. M. l'Impératrice, mais
» que son intention est de n'accepter aucune fête.

» Agréez, Monsieur le Sous-Préfet, l'assurance de ma
considération la plus distinguée.

> *Pour le Sénateur Préfet de la Seine-Inférieure,*
> » *le Secrétaire général délégué,*

> » Signé : CH. DE LA GUÉRONNIÈRE. »

Le conseil municipal fut convoqué, le 22 juillet, en
séance extraordinaire, pour entendre communication de
cette dépêche. La certitude de la venue au Havre de
Leurs Majestés fut accueillie avec une vive et unanime
satisfaction par le conseil, qui nomma une commission
composée de MM. J. Viel, Marcel et Masquelier, *pour se
concerter avec l'administration aux fins, tout en respec-
tant la volonté de l'Empereur de n'accepter aucune fête,
de lui témoigner combien toute la population est heureuse
d'une telle faveur.*

Cependant l'incertitude régnait sur l'époque de l'arrivée de l'Empereur. Son voyage était fixé éventuellement

du 3 au 6. Il paraissait probable qu'il se rendait directement au Havre par le chemin de fer. Du moins, tel était l'avis transmis au Havre par M. le Préfet, le 24 juillet, bien que les journaux de Rouen eussent annoncé que l'auguste voyageur prendrait la voie fluviale, afin de visiter les travaux de la Basse-Seine. Au surplus, l'arrivée de l'Empereur à Paris, de retour de Plombières, le 29 juillet, devait bientôt lever tous les doutes.

Cependant, la commission s'était réunie sous la présidence de M. Ed. Larue, maire, et avait arrêté les bases du programme de la réception de Leurs Majestés. Le Boulevard Impérial, tracé sur l'emplacement des anciennes fortifications, et la rue de Paris étaient naturellement désignés pour le passage du cortége. Il fut décidé qu'un arc-de-triomphe serait dressé à l'extrémité Est du boulevard (près du chemin de fer), qui serait décoré de mâts vénitiens dans toute son étendue, ainsi que le pourtour du jardin public ; que le nouvel Hotel-de-ville serait pavoisé ; que la rue de Paris serait ornée d'écussons et de drapeaux placés sur chaque candélabre ; que la place du théâtre serait ornée comme dans les fêtes publiques. M. Platel, second architecte de la ville, fut chargé de la direction de cette décoration, confiée à la maison Bied, de Paris, et de la construction de l'arc-de-triomphe.

Un plan grandiose avait été conçu par ce jeune archi-

tecte, plein de goût. La base de l'arc-de-triomphe se
serait composée de deux proues de navire avec mâts de
beaupré et de misaine, munis de tous leurs agrés et
voilure. Sur le pont de chaque navire aurait reposé un
arc-en-ciel symbole de paix, surmonté par un aigle
triomphant, tenant dans ses serres la devise : *A Napoléon III la ville du Havre reconnaisante.* D'immenses
difficultés d'exécution impossibles à vaincre dans l'espace
de quelques jours ont obligé l'administration municipale
à renoncer à l'exécution de ce plan.

Il fallut aviser à modifier ce projet, tout en conservant
la donnée principale. L'hommage de la ville du Havre à
Leurs Majestés Impériales devait conserver un caractère
commercial et maritime.

L'arc-de-triomphe élevé sur l'emplacement indiqué
plus haut, à la hauteur de la rue du Corridor, laissait
une ouverture libre de 10 mètres de largeur, sur 12
mètres de hauteur. L'arcade formée par un arc-en-ciel
traversant les nuages, avait 5 mètres 50 de largeur.
Au sommet, se voyait du côté du chemin de fer, l'écusson
de la ville supporté par deux génies reliés par des bande-
roles avec l'inscription : LA VILLE DU HAVRE A
NAPOLÉON III, le tout surmonté d'un aigle aux ailes dé-
ployées. La hauteur totale du sol à la tête de l'aigle, était

de 24 mètres. L'arc-en-ciel se trouvait terminé à sa base par deux aigles portés par des balles de coton, des barriques de sucres, des câbles-chaînes, ancres et autres attributs en nature du commerce et de la marine.

La face de l'arc, du côté de la ville, était semblable à la première. Le blason de la ville était remplacé par les armes impériales. La voûte formée d'un ciel parsemé d'abeilles, avait à son sommet un soleil rayonnant. L'épaisseur de la voûte était de 6 mètres. La toile peinte en décors pour toute cette construction, était d'une superficie de 727 mètres. Cette immense décoration avait été exécutée avec autant de célérité que de talent par l'habile pinceau de M. Dherbès, décorateur du théâtre. La charpente compliquée, qui supportait cette vaste construction, était l'œuvre de MM. Langlois et Briand, menuisiers.

Cependant, le 28 juillet, M. le Préfet de la Seine-Inférieure était venu au Havre. Il s'était fait rendre compte par M. le Maire des projets arrêtés pour la réception impériale, et les avait approuvés. Il avait engagé l'administration municipale à les compléter en faisant disposer l'Hôtel-de-Ville pour le cas où Leurs Majestés consentiraient à y descendre, laissant espérer qu'il se ferait auprès d'Elles l'interprète des vœux de la ville du Havre pour cette faveur inespérée.

L'œuvre de transformation fut entreprise avec ardeur. Le cabinet du Maire se trouva métamorphosé en un délicieux boudoir destiné à S. M. l'Impératrice. De superbes glaces, de magnifiques tableaux provenant du Musée, de beaux meubles et entre autres le splendide secrétaire de Boule qui figure dans l'une des salles du Musée, composaient l'ameublement. La société d'horticulture, présidée par M. le docteur Lefebure, s'était mise à la disposition du Maire pour décorer de verdure et de fleurs le salon, les escaliers et la cour. Ces ornementations, d'un goût parfait, présentaient un aspect vraiment féerique. Une magnifique corbeille de fleurs offerte par la société devait être déposée dans l'appartement de l'Impératrice. Nuit et jour, les membres de la société, pleins de zèle et de devouement, avaient travaillé avec ardeur à cette décoration, négligeant leurs travaux de chaque jour pour atteindre le but désiré.

L'administration de la marine avait désigné pour le lieu d'embarquement la place occupée par les bateaux de Caen, le long du Grand-Quai, dans le cas où l'Empereur ne monterait à bord du yacht impérial qu'à la marée pleine. Une tente élégante, décorée de trophées d'armes fournis par l'Arsenal, fut dressée sur cet emplacement. (1)

---

(1) Dans la nuit du 4 au 5 août, une dépêche télégraphique avait annoncé que Leurs Majestés visiteraient le nouvel Hôtel-de-Ville et le Musée, qui furent disposés à cet effet.

II

Tous les préparatifs marchaient rapidement vers leur
terme, lorsque le jour et l'heure de l'arrivée de Leurs
Majestés furent fixés au 5 août, à quatre heures après midi.
Le Maire adressa aux habitants du Havre la proclamation
suivante :

Chers concitoyens,

Je suis heureux de vous annoncer que S. M. l'Empereur,
qui a daigné choisir notre port pour le lieu de son embarquement, en se rendant auprès de son auguste alliée la

Reine d'Angleterre, arrivera mercredi prochain, vers quatre heures après midi, accompagné de S. M. l'Impératrice.

C'est pour la seconde fois que l'Elu de la nation visite notre ville, et vous savez quelle a été, depuis sa première visite, l'impulsion donnée par sa volonté si puissante à l'extension de la ville et du port. L'Empereur a voulu que le Havre pût satisfaire aux besoins du présent et aux progrès de l'avenir.

Aujourd'hui Sa Majesté vient voir par Elle-même, non-seulement ce qui a été fait, mais encore ce qui reste à faire. Sa haute sollicitude nous est acquise. Elle nous en donne en cette circonstance une preuve mémorable.

En venant parmi nous, l'Empereur a désiré que Sa réception ne fût pas accompagnée de fête officielle. La fête la plus douce, en effet, pour le cœur d'un Souverain, c'est la manifestation de la reconnaissance et de l'amour de son peuple. Ce serait vous faire injure que de faire appel à ces sentiments.

Vous n'avez pas pu oublier que l'Empereur, après avoir arraché la France à l'anarchie ; après avoir jeté glorieusement l'épée nationale dans la balance des destinées de l'Europe, a assuré au pays tout entier, et à notre belle cité en particulier, une prospérité inouïe et toujours croissante. Vous n'avez pas pu oubli... ès avoir vu le Havre étouffer dans ses étroites mu... 'est fait en quelque sorte son nouveau fondate...

Vous ne pouvez o... devantage que S. M. l'Impératrice a voulu couvrir de sa haute sollicitude toutes les œuvres de bienfaisance et que son inépuisable charité tend une main secourable à toutes les infortunes.

Chers concitoyens, vous saluerez avec enthousiasme la venue parmi vous de nos augustes hôtes, et vous répéterez avec nous :

Vive l'Empereur !
Vive l'Impératrice !
Vive le Prince Impérial !

En l'Hôtel-de-ville du Havre, le 5 août 1857.

Le maire, **ED. LARUE**

Cette heureuse nouvelle répandit la joie dans toutes les classes de la population. Chacun se félicitait de pouvoir saluer l'Empereur et son auguste compagne. Chacun se hâtait de faire ses préparatifs pour le recevoir dignement. Après le travail, on voyait une foule nombreuse se répandre dans les rues que devait parcourir le cortége impérial. Le nom de l'Empereur et de l'Impératrice était dans toutes les bouches. Dire le nombre de drapeaux vendus pendant les quelques jours qui ont précédé la venue de l'Empereur serait impossible. Les marchands ne pouvaient suffire aux demandes ; et plus d'un acheteur a dû s'en retourner sans pouvoir obtenir le drapeau désiré. Les diverses corporations

2

d'ouvriers se disposaient à se rendre en corps au-devant de Leurs Majestés Impériales, pour les saluer à leur arrivée dans le Havre et leur donner une preuve touchante de leur attachement.

III

Enfin le grand jour était arrivé. Une pluie abondante
survenue la veille avait répandu quelque inquiétude dans
les esprits. Cependant, dès le matin, le soleil se leva ra-
dieux. Les édifices publics étaient ornés de drapeaux ;
presque toutes les maisons de la ville étaient pavoisées
à tous les étages ; il en était de même des navires
du port. Une foule immense circulait dans les rues.
Les Maires de toutes les communes rurales de l'arrondissement, accompagnés des conseillers municipaux et des
curés, étaient venus, abandonnant les travaux de la ré-
colte, pour offrir leurs hommages à leur Souverain. M. le
Maire, voulant que les familles les plus pauvres pussent

partager l'allégresse générale, avait décidé qu'une distribution extraordinaire de pain et de viande serait faite aux
pauvres par les soins du Bureau de bienfaisance. Tout
faisait présager une belle journée. Les mesures de police
les plus minutieuses avaient été prises pour prévenir tout
accident.

M. le commandant de place Lacapelle avait pris les
dispositions militaires usitées en pareil cas. Un bataillon
du 20ᵉ de ligne, musique en tête, était de service à la
gare du chemin de fer. Un autre bataillon était placé
près du Musée pour le cas où l'Empereur descendrait à
l'Hôtel-de-Ville. Le reste des troupes, les sapeurs-
pompiers du Havre, auxquels s'étaient joints ceux de
Montivilliers, Bolbec, Fécamp, Honfleur, et les douaniers,
formaient la haie le long du boulevard Impérial et de la
rue de Paris.

Dès trois heures après midi, tous les corps constitués,
toutes les autorités civiles et militaires, s'étaient rendus
à la gare, où devait avoir lieu la présentation à l'Empereur. La population tout entière du Havre et des envi-
rons avait envahi les terrains des fortifications des deux
côtés du boulevard. Entre le chemin de fer et l'arc-de-
triomphe étaient rangées les députations des communes
de l'arrondissement munies de bannières portant le nom
de la commune. Au pied de l'arc-de-triomphe se remar-
quaient les corporations des pilotes-lamaneurs, des

voiliers, calfâts, perceurs, charpentiers de navires, tonne-
liers, menuisiers et peintres ; de nombreux marins français et anglais. Plus loin, on voyait rangés les camions
du Grand-Corps, des Bréments, de MM. Ozanne et Ce,
Poupel, Brunelot, Turbert, Lecointe, avec leurs chevaux
ornés de lauriers et de drapeaux. Puis venaient les
ouvriers de la manufacture des tabacs, des ateliers de
MM. Mazeline et Ce, Nillus, Normand. Delacretaz et
Clouet, Merlié-Lefebvre et Ce, David, Croppi, Vaghi
et Ce, Courant et Ce, Caunois, Mercier, Laubel et Ducreux ;
les ouvriers du gaz français, du dock, des ponts-et-chaus-
sées, du chemin de fer, les pontiers, tous avec bannières
ou drapeaux. Devant la nouvelle Sous-Préfecture étaient
rangés les ouvriers de M. Collé, entrepreneur de cet
édifice et des abattoirs. Plus loin, se trouvaient les élèves
du collège du Havre, et tous les enfants des écoles municipales de filles et de garçons. Enfin devant le nouvel
Hôtel-de-Ville, M. Ricquier, l'entrepreneur, avait disposé
ses nombreux ouvriers. Au milieu de cette foule immense,
l'ordre s'était établi comme par enchantement. Tout le
monde semblait obéir à une consigne. La force armée,
presque nulle sur ce long parcours, eût été impuissante
pour maintenir l'ordre, sans le bon esprit qui animait
chacun des assistants.

IV

À cinq heures moins vingt minutes, une dépêche télégraphique signala le passage du convoi impérial à la station de St-Romain. Dix minutes après, la locomotive faisait son entrée sous la gare, au milieu des cris répétés de : *Vive l'Empereur ! vive l'Impératrice ! vive le Prince Impérial !*

L'Empereur à la descente du wagon, a été reçu par M. Demonts, sous-préfet, et par M. Ed. Larue, maire, accompagné de ses adjoints, MM. Maire, Toussaint,

Mazé et Mallet, et des membres du Conseil municipal. Il a salué quelques dames qui étaient présentes, et MM. de Labédoyère et Ancel, députés, M. le Sous-Préfet et M. le Maire, ainsi que les personnes qui l'entouraient. M. Ed. Larue, au nom de la ville du Havre, a exprimé à Leurs Majestés tout le bonheur qu'éprouvaient ses concitoyens de l'honneur insigne qui leur était fait en ce jour mémorable. L'Empereur a répondu avec affabilité qu'il était heureux de venir constater par lui-même les progrès de la ville du Havre, que les destinées de cette ville étaient l'une de ses plus chères préoccupations.

Puis offrant le bras à S. M. l'Impératrice, l'Empereur, suivi de MM. le comte Walewski, ministre des affaires étrangères, le général Rollin, adjudant-général du palais, le général Fleury, son premier écuyer, de Mmes la princesse d'Essling, grande maîtresse du palais, comtesse Walewska, et de MM. Leroy, préfet de la Seine-Inférieure, et Gudin, général de division, a traversé la gare au milieu des plus vives acclamations, et s'est rendu dans un des salons, disposé pour les réceptions officielles.

M. le Sous-Préfet a d'abord introduit auprès de Leurs Majestés une gracieuse députation de dix jeunes personnes, vêtues de blanc, chargées d'offrir à l'Impératrice un magnifique bouquet au nom de la Ville. C'étaient Mlles Maire, Mallet, Levillain, Acher, d'Houdetot, de Noirfontaine, Lepage, Pinguet, Vidal et Udin. Mlle Maire, fille du premier adjoint, s'est adressée à sa Majesté en ces termes :

Madame

Fière et heureuse d'avoir été choisie entre mes compagnes, pour être l'interprète de leurs sentiments, je viens en leur nom et au mien, prier Votre Majesté d'accepter ces fleurs en souvenir de son passage dans notre ville, souvenir bien éphémère, pour vous, Madame, mais bien durable pour nous, qui ne savions encore que bénir un nom, l'orgueil de la France et la Providence des malheureux.

Plus heureuses aujourd'hui, nous pouvons déposer aux pieds de Votre Majesté nos souhaits les plus sincères pour son bonheur si intimement lié à celui de notre bien aimée patrie.

Mesdemoiselles, saluons de nos acclamations notre gracieuse et noble souveraine.

Vive l'Impératrice !

Ces souhaits et ces fleurs ont été reçus par l'Impératrice de la manière la plus gracieuse.

Puis M. le Sous-Préfet a présenté à Leurs Majestés les dames des principaux fonctionnaires et les mères des jeunes personnes dont les noms précédent.

Les différents corps ont ensuite été présentés dans l'ordre suivant :

M. le sous-préfet ;

MM. les députés de l'arrondissement ;

Le maire, les adjoints et le conseil municipal ;

Les curés et leur clergé ;

Les pasteurs et le consistoire ;

Les consuls des puissances étrangères ;

Le tribunal civil, les juges-de-paix, avoués et huissiers ;

Le tribunal de commerce ;

La chambre de commerce ;

Le commissaire général de la marine et les officiers et fonctionnaires de la marine ;

Le commandant de place et les officiers de la garnison ;

L'ingénieur en chef des ponts-et-chaussées et les ingénieurs ;

Le receveur particulier, et les fonctionnaires des contributions directes ;

Le directeur des douanes et contributions indirectes et les fonctionnaires de l'administration des domaines ;

La direction des postes.

Le service de l'émigration.

L'agent-voyer de l'arrondissement,

Les courtiers de commerce.

La chambre des notaires de l'arrondissement.

Le tribunal de commerce de Fécamp et la chambre
de commerce de Fécamp.

Les maires de l'arrondissement.

M. le maire du Havre a remis à ce moment, à l'Empereur, l'adresse suivante votée par le conseil municipal
dans sa séance du 1ᵉʳ août :

« Sire,

» Le corps municipal de la ville du Havre s'empresse
d'offrir à Votre Majesté ainsi qu'à S. M. l'Impératrice l'hommage de son profond respect et de son entier dévoûment.
Depuis longtemps, Sire, nos concitoyens désiraient voir au
milieu d'eux le Souverain qui, par son génie, a sauvé la
France entraînée vers sa perte, et l'a replacée par la puis-
sance de sa politique et de ses armes au premier rang parmi
les plus grandes nations. Ils le désiraient d'autant plus
ardemment qu'aux droits éclatants que possède Votre
Majesté à la reconnaissance de tous les Français se joignent
des titres particuliers qu'une localité ne saurait oublier. Aussi
la population havraise est-elle fière de la marque de haute
bienveillance qu'elle reçoit aujourd'hui de l'Empereur et
heureuse de pouvoir lui prouver qu'elle a la mémoire du
cœur et qu'elle tient à devoir de le remercier de ses bienfaits.

» Cette preuve, Sire, est surtout dans les progrès accomplis depuis le jour où, pour la première fois, Votre Majesté daigna faire à notre cité l'honneur de la prendre sous son tout puissant patronage pour l'agrandir et la doter d'une vie nouvelle.

» A cette époque, en effet, Sire, le Havre étouffait dans sa triple enceinte de fortifications et voyait entravés depuis longues années , malgré ses instances réitérées près du Gouvernement, les développements de sa navigation, de son commerce et de son industrie.

» Plus de la moitié de la population si occupée et si active formant aujourd'hui l'agglomération havraise était refoulée dans les trois communes ; elle avait à subir tous les inconvénients, toutes les gênes résultant d'une situation véritablement anormale.

» Avec ce coup d'œil vigilant et sûr sous lequel sont éclos tant de magnifiques travaux qui seront une des gloires de son règne, Votre Majesté a compris qu'un tel état de choses ne pouvait, en se prolongeant, que compromettre l'avenir de notre ville, et porter en même temps atteinte à l'intérêt général du pays. Elle a fait entendre sa voix, et à la réunion administrative qui était un premier bienfait, a succédé la réunion de fait des territoires divisés.

» La ville du Havre, Sire, ne pouvait mieux reconnaître tout ce qu'elle devait à la haute sollicitude de Votre Majesté qu'en s'associant à ses vues et en les secondant par une grande rapidité dans l'exécution. La partie de l'œuvre mise à sa charge a été résolument entreprise, et, en moins de trois années, les remparts abattus, les fossés comblés, leur vaste emplacement nivelé ; 10,000 mètres d'aqueducs construits, un vaste boulevard livré à la circulation et de nombreuses rues ouvertes, un abattoir et une église presque achévés, témoignent de l'ardent désir dont nous étions tous animés de réaliser la pensée toute d'amélioration et de progrès qui avait inspiré au Chef de l'Etat la grande et utile mesure qui a fait du Havre, considérable seulement par son commerce, une ville importante par son étendue et sa population.

» Le corps municipal ose espérer, Sire, qu'après avoir parcouru la première partie du boulevard Impérial, le Jardin Public et la place Napoléon III, Votre Majesté daignera honorer d'un coup-d'œil l'Hôtel-de-Ville en construction sur le terrain libéralement concédé à cet effet par l'Etat. Les traits de Votre Majesté gravés au fronton du monument municipal en regard de ceux de François 1er, sont un témoignage de la sincère gratitude de la ville du Havre envers ses deux fondateurs et rappelleront à jamais cette double date dans laquelle se résument son histoire et sa vie, 1516 - 1852.

» Qu'il nous soit encore permis de nous flatter, Sire, que Votre Majesté daignera consacrer quelques-uns des instants qu'elle a bien voulu nous accorder à visiter les travaux maritimes en cours d'exécution et à examiner les projets à l'étude, appelés essentiellement, comme les premiers, à favoriser les développements prodigieux que la paix, si glorieusement obtenue, a imprimés à notre port.

» Cet examen, Sire, sera fécond en résultats, nous en avons l'assurance ; car, en indiquant à Votre Majesté les précieuses ressources dont la nature a doté notre établissement maritime, et les brillantes destinées qui lui sont promises ; il lui prouvera que, si les besoins du présent peuvent être considérés comme satisfaits, il reste à pourvoir à ceux de l'avenir, dont nul ne peut présager les exigences, et notamment à assurer la défense du littoral au moyen des forts en mer destinés, en temps de guerre, à conserver au pays tant de richesses accumulées et un point si important de son territoire, en procurant un refuge à la marine nationale.

» En terminant ce rapide exposé des bienfaits de Votre Majesté et de leurs résultats, le corps municipal, organe d'une population reconnaissante et dévouée au gouvernement de l'Empereur, forme des vœux ardents pour que le Ciel conserve pendant de longues années à la France le prince qui en est l'orgueil et la gloire après en avoir été le sauveur, l'auguste compagne qu'il s'est choisie et que bénissent chaque jour les orphelins et les pauvres dont elle est la Providence, et le jeune Prince Impérial, joie de Votre Majesté et notre espoir à tous.

> » *Vive l'Empereur !*
> » *Vive l'Impératrice !*
> » *Vive le Prince Impérial !* »

(Suivent les signatures)

M. Clerc, président de la chambre de commerce déposa également entre les mains de l'Empereur une adresse dans laquelle la chambre remercie Sa Majesté des améliorations apportées au régime des douanes et à l'institution de la banque de France, et lui exprime sa confiance dans sa sollicitude pour les intérêts du commerce et du port du Havre.

M. Elie-Lefebvre, doyen des juges, remplissant les fonctions de président du tribunal civil de première instance, en l'absence de M. Oursel, remit aussi à Sa Majesté une adresse dans laquelle les magistrats appelaient l'attention de l'Empereur sur la convenance qu'il pourrait y avoir à élever ce tribunal d'un degré pour le mettre plus en rapport avec l'importance des affaires et de la ville dans laquelle il siége.

Les réceptions terminées, Leurs Majestés se dirigèrent vers la cour de la gare, où les attendaient deux voitures de la Cour. Les tambours battent aux champs ; la musique du 20ᵉ de ligne joue l'air : *Partant pour la Syrie* ; les troupes présentent les armes. Un immense cri de *Vive l'Empereur ! Vive l'Impératrice !* s'élève de la foule pressée aux abords de la gare. Le cortège se met en marche dans l'ordre suivant :

Quatre gendarmes marchant en vedettes.

Le commandant de place à cheval.

Les gendarmes de l'arrondissement, commandés par leur capitaine, M. le baron Fauconnet.

La musique du 8ᵉ de chasseurs à cheval.

Un détachement du même régiment, colonel en tête.

Une garde d'honneur dirigée par M. Caron, professeur d'équitation, et composée de MM. Bréard, Durécu, Evers, Goerg, Grandin, Leserrurier, Lebourgeois jeune, de Morlaincourt, Lemàle, Leger, Matenas, Olivier, Reinhart et Wolf, tous habitants du Havre, en habit noir, pantalon blanc, rosette vert et orange à la boutonnière.

Une voiture, dans laquelle se trouvent l'Empereur, l'Impératrice, le général Fleury et M. Walewski.

Aux portières de la voiture se tiennent, à cheval, les généraux Gudin et Herbillon.

Derrière la voiture marche un détachement de douze cent-gardes.

Un détachement de chasseurs.

La voiture dans laquelle se trouvent les autres personnes de la suite de Leurs Majestés.

Celle de M. le Préfet de la Seine-Inférieure et le Sous-Préfet de l'arrondissement.

Celle de M. le maire et de ses adjoints.

Un détachement de chasseurs.

Un peloton de gendarmes.

En arrivant sur le boulevard Impérial, Leurs Majestés furent saluées par les acclamations des députations des 121 communes de l'arrondissement que distinguaient des bannières tricolores portant le nom de la commune. Ces députations suivirent le cortège.

La marche du cortège le long du boulevard, de cette magnifique voie créée par la volonté de l'Empereur, semblait un véritable triomphe. Les vivats frénétiques se mêlaient aux *hurrahs*. Les premiers pas de l'Empereur dans notre cité reconnaissante était une éclatante réparation des outrages d'une autre époque. Aussi le bonheur rayonnait sur le visage de Leurs Majestés qui répondaient par de gracieux saluts aux acclamations de la foule.

Arrivé devant le nouvel Hôtel-de-Ville, l'Empereur en contempla pendant quelques instants l'aspect majestueux. Invité à le visiter par M. Maire, premier adjoint, qui était à la tête du conseil municipal, il remercia en quelques mots. Et le cortége traversa le Jardin public pour suivre la rue de Paris,

Peindre l'aspect de cette rue au moment où l'Empereur y pénétra serait chose impossible. Une foule de spectateurs se pressait à chaque fenêtre. Les femmes agitaient leurs mouchoirs ; les fleurs pleuvaient sur le cortége. Les acclamations enthousiastes se succédaient sans interruption. Jamais un Souverain n'a rencontré dans aucune ville un accueil plus chaleureux.

C'était un spectacle splendide.

Arrivées sur la place Louis XVI, Leurs Majestés furent

vivement frappées par l'aspect de la place et du bassin du Commerce. Les navires français *l'Adèle*, appartenant à MM. Mazurier le jeune et ses fils ; les *Deux-Eulalie*, de la compagnie générale maritime ; le *Copiapo*, de la maison I.-T. Barbey et Cᵉ ; le *Cid*, de la maison Quesnel frères, et le *Carioca*, appartenant à MM. Léon Lecomte et Cᵉ, étaient rangés auprès de la mâture et brillamment pavoisés. A un signal donné, leurs vergues furent couvertes de nombreux marins vêtus de blanc (1), qui saluèrent Leurs Majestés d'un long cri de *Vive l'Empereur ! Vive l'Impératrice !* On vit l'Impératrice, vivement impressionnée par la beauté de ce spectacle, se lever dans la voiture. Du reste, l'émotion était générale et se traduisait en *vivats* réitérés.

Devant le Vieux-Marché, deux députations des poissonnières ont offert à l'Impératrice, l'une un magnifique bouquet orné de trois petits saumons en or, l'autre une belle corbeille de fruits et de fleurs qui ont été gracieusement acceptés.

Le cortége continua sa route jusqu'à l'église Notre-Dame. Les cloches sonnaient en grande volée. Le clergé,

---

(1) C'est à tort que le *Moniteur* en rendant compte de l'entrée de l'Empereur au Havre a parlé à cette occasion de navires et marins américains. Aucun marin de cette nation n'a pris part à cette fête.

précédé de la croix et des bannières, attendait le passage de Leurs Majestés. M. le curé Bénard a pris la
parole en ces termes :

Sire,

Le clergé du Havre partage la joie de ses concitoyens en
voyant Votre Majesté au milieu de nous. Nous sommes heureux de pouvoir vous exprimer de vive voix nos sentiments
de respect, de fidélité, de dévoûment et surtout de reconnaissance. Oui, Sire, tout ce que vous avez fait pour la
France, pour la religion, pour les malheureux et pour le
Havre, est gravé dans nos cœurs en caractères ineffaçables.
Aussi nous prions tous avec ardeur pour que Dieu conserve
vos jours si précieux et vous donne toujours comme par le
passé, la sagesse de saint Louis et la force de Charlemagne.
Avec cette boussole, vous conduirez à bon port le vaisseau
de l'Etat dont la Providence vous a confié le gouvernail.

**Puis, s'adressant à l'Impératrice, M. l'abbé Bénard a
continué ainsi :**

Et vous, ange de la France, providence de tous les malheureux, recevez aussi nos respectueux hommages. Nous
vous aimons, Madame, parce que vos grâces et vos vertus
rehaussent et embellissent l'éclat du trône. Aussi est-ce avec
confiance que nous attendons deux choses de Votre Majesté :
D'abord, nouvelle Blanche de Castille, vous apprendrez à
Votre Fils, pour le bonheur de nos neveux, à aimer et à servir

le Dieu de saint Louis. Ensuite, quand vous direz à l'Empereur : *Je vous aime*: vous lui direz que vous êtes l'écho de tous les cœurs français.

L'Empereur a remercié le clergé des vœux qui venaient d'être exprimés par le respectable curé de Notre-Dame, puis le cortège s'est dirigé vers l'ancien Hôtel-de-Ville. Mais arrivé devant la porte, l'Empereur a déclaré que l'Impératrice était trop fatiguée pour le visiter, qu'il désirait voir les bassins et le dock, et a ordonné de continuer la rue de la Corderie pour gagner le quai d'Orléans. Cet itinéraire imprévu a conduit Leurs Majestés dans des quartiers où aucuns préparatis officiels n'avaient été faits et où Elles n'en ont pas moins rencontré le même accueil sympathique qu'à leur arrivée.

Le cortège a suivi la rue de la Mailleraie, la rue de Paris et le quai d'Orléans. Arrivé à la porte Vauban, L'Empereur trouvant la route trop longue sans doute, a ordonné de se rendre immédiatement à bord de la *Reine-Hortense*. On a pris alors le quai Lamandé, la rue Royale et le quai Videcoq où Leurs Majestés sont descendues de voiture au milieu de la foule accourue sur leurs pas, et se sont embarquées sur le yacht impérial.

MM. le Préfet, le Sous-Préfet, le Maire et les Adjoints, le Conseil municipal, le Commissaire général de la marine, ont accompagné Leurs Majestés à bord de la *Reine-*

Hortense. L'Empereur s'est alors approché de M. le Maire et lui a exprimé, en son nom et en celui de l'Impératrice, combien ils étaient touchés de l'accueil qui venait de leur être fait par la population. Sa Majesté a ajouté qu'Elle n'avait pas besoin de cela pour porter intérêt au port du Havre, qu'Elle en connaissait les besoins et l'importance et qu'Elle espérait pouvoir faire résoudre dans un bref délai les questions qui touchent à l'amélioration du port et à sa défense. M. le Maire a remercié l'Empereur de sa sollicitude pour notre ville et a fait ressortir que la prospérité du Havre importait au pays tout entier, que les produits de la douane du Havre étaient supérieurs même à ceux de la douane de Marseille ; mais que le Havre manquait encore d'établissements maritimes pour les grands navires. L'Empereur a encore félicité M. le Maire de la rapidité avec laquelle la démolition des fortifications avait été conduite et de l'élégance de l'Hôtel-de-Ville nouveau qui, a-t-il dit, est un petit Louvre. Après cette courte conversation, dans laquelle l'Empereur a déployé la plus grande bienveillance, et qui a été plusieurs fois interrompue par les acclamations de la foule, M. le Maire a été invité par M. le Préfet à prendre congé de Sa Majestés qui a daigné lui annoncer que, dans quelques jours, Elle reviendrait d'Osborne par le Havre. Cette nouvelle a été accueillie par le cri de *Vive l'Empereur !* Les autorités municipales se sont retirées à six heures et demie. Une collation eut lieu à bord : et MM. le Préfet et le général de division y furent invités. Dans la soirée, l'Empereur fit appeler M. Bouniceau, ingénieur en chef des ponts-et-chaussées, et daigna s'entretenir longtemps avec lui des travaux en cours d'exécution au port du Havre.

Les membres du Cercle d'Horticulture avaient disposé une délicieuse corbeille de fleurs, à laquelle était jointe l'adresse suivante :

A Sa Majesté l'Impératrice.

Madame,

La Société d'Horticulture du Havre, déjà fière du haut patronage de S. A. I. le prince Jérôme Napoléon, considère comme un devoir et sollicite comme une faveur précieuse la permission de déposer aux pieds de Votre Majesté une gerbe de fleurs.

L'art et la nature, Madame, ne mettent tant d'émulation à faire les fleurs si pures, si fraîches et si splendides que pour accompagner, de leur gracieux concours, les dons majestueux et sympathiques de la grandeur, de la jeunesse et de la beauté ; les offrir à Votre Majesté, c'est donc les rendre à leur destination naturelle en même temps que suivre l'impulsion de nos cœurs.

Puissiez-vous, Madame, en daignant agréer l'hommage de ces fleurs, recueillir avec les parfums qui s'exhalent de leurs brillantes corolles, l'expression des vœux que forme pour votre bonheur de mère, d'épouse et de souveraine, la Société d'Horticulture du Havre, confondant ainsi, dans un même sentiment, la vie précieuse de l'Empereur, celle de votre auguste fils et les destinées de la France.

Le président du Cercle;   Dr LEFEBURE.

Havre, le 5 août 1857.

Corbeille et adresse étaient déposées à l'Hôtel-de-Ville dans l'appartement destiné à S. M. l'Impératrice. Leurs Majestés n'ayant pas pu visiter ce monument, deux membres de la Société transportèrent la corbeille à bord de la *Reine-Hortense*. En arrivant sur ce navire, ils rencontrèrent une personne en habit noir, fumant une cigarette et lui demandèrent de leur indiquer le moyen de faire parvenir cette corbeille à sa destination. L'Empereur (car c'était lui-même) les accueillit avec bonté et fit prévenir l'Impératrice. Sa Majesté étant survenue, accepta gracieusement les fleurs et, après avoir pris lecture de l'adresse, chargea les délégués du Cercle de transmettre ses remerciements à leurs collègues.

Cependant l'heure de la marée était venue. À huit heures et demie, le yacht impérial sortit du bassin du

Roi, et à neuf heures, il se mettait en marche, salué
par une salve de 101 coups de canon. A ce moment, une
foule immense couvrait les quais de l'Avant-Port et les
deux jetées de ses flots pressés, du milieu desquels
s'échappaient à chaque instant des cris répétés de :
Vive l'Empereur ! *Vive l'Impératrice* ! Une colonne
lumineuse avait été élevée sur la jetée du Sud par les
ingénieurs des ponts-et-chaussées. Le mât des signaux
de la tour était illuminé de verres de couleur. La façade
du Musée, l'Hôtel-de-Ville du côté de la mer, semblaient
tout en feu. Sur la tour et sur les jetées brûlaient des
flammes du Bengale qui se répétaient sur le yacht impérial. Le ciel orageux étincelait d'éclairs. Le tonnerre et
le canon mêlaient leurs voix aux acclamations enthousiastes de la foule. Jamais spectacle plus grandiose ne se
pouvait rencontrer. Plusieurs bateaux à vapeur de l'Etat
et du commerce suivaient illuminés. Leurs Majestés,
debout sur le pont du navire, saluaient la foule et parais-
saient vivement impressionnées. Lorsqu'Elles eurent dou-
blé la jetée, des feux s'allumèrent devant Frascati, sur
la côte d'Ingouville et à Sainte-Adresse, et vinrent
éclairer toute la rade sillonnée d'embarcations. Les
adieux étaient dignes de la réception faite à Leurs
Majestés Impériales.

V

Le 10 août, une dépêche télégraphique informa M. le Sous-Préfet que l'Empereur quittait Osborne et arriverait au Havre dans la nuit ; que Leurs Majestés partiraient le lendemain à huit heures du matin par le chemin de fer ; que, par ordre de l'Empereur, le canon ne serait pas tiré à son arrivée et qu'il désirait qu'il n'y eût ni illuminations, ni aucune cérémonie. En conséquence de ces instructions M. le Maire adressa aux habitants du Havre la proclamation suivante :

« Chers concitoyens,

» Leurs Majestés Impériales débarqueront de la *Reine-*

pour lui exposer les besoins présents et à venir de la ville et du port. Ils pensaient que c'était le moyen de faire produire au voyage de Sa Majesté tous les fruits que la localité pouvait en espérer, et de prévenir les impressions défavorables au Havre que la ville de Rouen, plus favorisée que la nôtre, ne manquerait pas de chercher à semer dans l'esprit de l'Empereur pendant son séjour dans cette ville. Connaissant les dispositions favorables de M. de Labédoyère, député d'Yvetot, M. le Maire le pria d'être son intermédiaire auprès de Sa Majesté pour solliciter l'audience désirée. Cette faveur fut immédiatement accordée par Sa Majesté. Vers huit heures un quart, M. de Labédoyère introduisit auprès de l'Empereur M. Demonts, sous-préfet de l'arrondissement, M. Ed. Larue, maire, MM. Maire, Toussaint et Mazé, ses adjoints (1), et M. Ancel, député de l'arrondissement. M. le Préfet du département survint peu après.

Aux compliments que lui adressa M. le Maire sur la belle traversée qu'Elle venait de faire, Sa Majesté répondit en exprimant sa satisfaction de la réception nocturne que lui avait faite la population, ajoutant : « Nous avons dû troubler le repos des habitants. »

M. le Maire mit ensuite sous les yeux de l'Empereur un plan de la ville, sur lequel les terrains des fortifications étaient teintés les uns en violet, les autres en jaune. Il exposa que, dans l'intérêt de la ville et pour compléter

la pensée de Sa Majesté, il était à désirer que les terrains
teintés en violet, qui s'étendent jusqu'à la rue Caroline
et présentent une superficie de 120,000 mètres, fussent
vendus et construits dans le plus bref délai ; que des
ventes partielles faites directement par le Domaine pré-
senteraient de graves inconvénients au point de vue de
la régularité des constructions ; que la cession à une
compagnie qui prendrait l'obligation de construire la
place de l'Hôtel-de-Ville sur un plan uniforme et dans un
délai déterminé, de ne permettre de bâtir que des maisons d'habitation sur le Boulevard Impérial, présenterait
de grands avantages ; qu'une compagnie formée au
Havre était prête à soumissionner ces terrains à ces
conditions ; et que la Ville ne pouvait que recommander
cette combinaison à la bienveillante attention de l'Empereur.

Sa Majesté s'est fait rendre compte des diverses dispositions de ce projet, a paru en approuver les bases
principales, laissant à S. Exc. le Ministre des finances le
soin de discuter le prix offert par la compagnie, et a
promis d'examiner avec sollicitude les propositions qui
seraient faites à son gouvernement.

Puis plaçant le doigt sur les terrains teintés en jaune
qui s'étendent sur le front ouest de la place, Sa Majesté a
demandé quelle en était la destination. M. le Maire lui
ayant répondu que ces terrains étaient réservés pour les

travaux maritimes, Sa Majesté répliqua que c'était en effet le point sur lequel tous les marins étaient unanimes pour réclamer la création d'un nouvel avant-port dans lequel ils trouveraient toujours au moins sept mètres d'eau.

Informée que M. Bouniceau, ingénieur en chef, avait dressé un projet dans ce sens, Sa Majesté le fit appeler immédiatement et examina ce projet avec la plus grande attention. Elle s'informa de la dépense probable d'exécution. M. Bouniceau l'ayant fixée à 55 millions, y compris l'achat des terrains accessoires, Sa Majesté lui fit observer qu'il devait être possible de réduire la dépense, et de faire un projet moins coûteux et d'une exécution plus immédiate. Puis l'Empereur s'informa des moyens de raccorder le nouveau port avec l'ancien. Sur l'indication qui lui fut donnée que ce raccordement se faisait par les fronts ouest, Sa Majesté ajouta que, dans ce cas, l'avant-port projeté sur le front ouest était un premier pas vers l'exécution de l'entrée du nord-ouest, puisqu'il serait toujours facile d'en faire un bassin.

Sa Majesté présenta alors quelques objections à M. l'ingénieur en chef au sujet de l'utilité des travaux d'amélioration projetés pour l'ancienne entrée du port. M. l'ingénieur répondit que ces travaux étaient indispensables en attendant l'éxécution de la nouvelle entrée ; qu'il fallait surtout doter le port d'établissements qui permissent aux transatlantiques de se réparer au Havre, sans être réduits à aller en Angleterre. L'Empereur termina la discussion sur ce point en disant que ces travaux d'amélioration devaient être réduits à ce qui était strictement nécessaire, afin de reporter toutes les forces du budget sur la création du nouveau port.

M. Ancel appela ensuite l'attention de Sa Majesté sur l'utilité de la suppression de la citadelle, qui gêne le port et empêche le développement des établissements maritimes.

Avant de prendre congé de Sa Majesté, M. le Maire sollicita, au nom du conseil municipal et conformément à sa délibération du 4 août, la faveur d'être autorisé à donner le nom de Napoléon III à la place du nouvel Hôtel-de-Ville. L'Empereur daigna lui octroyer sa demande avec la plus grande bienveillance.

A la suite de cette entrevue, Sa Majesté donna audience à M. Bonifacio, commissaire général de la marine et à M. de Broca, directeur du port. L'Empereur s'entretint avec eux des besoins du port du Havre et fit rappeler M. Bouniceau pour discuter quelques observations présentées par ses interlocuteurs. Mais l'ingénieur en chef était parti pour la gare et ne put être prévenu en temps utile.

Après ces réceptions, l'Empereur procéda à la distribution de plusieurs croix et médailles militaires. Ont été nommés chevaliers de la Légion-d'Honneur : MM. de Broca, lieutenant de vaisseau, directeur des mouvements du port ; Flambard, pilote ; Cheuret, major au 20ᵉ de ligne ; Journet, capitaine au même régiment ; Hemar, garde du génie ; Delanneau, garde d'artillerie ; Pelicant, maréchal-des-logis d'artillerie. L'Empereur a ensuite remis la médaille militaire à MM. Vielle, maître-mécanicien à bord de la *Reine-Hortense* ; Deltemble, maître-mécanicien de *l'Ariel* ; Tombaud, contre-maître-mécanicien du *Pélican* ; Gaudin, matelot de première classe à bord de la *Reine-Hortense* ; Villerel, maréchal-des-logis de gendarmerie au Havre ; Senneville, maréchal-des-logis de gendarmerie à Bolbec ; Collet, portier-consigne à la porte des Pincettes ; Pataud, caporal, et Jumeau, grenadier au 20ᵉ de ligne, tous deux blessés à la prise de Malakoff.

A neuf heures, Leurs Majestés ont quitté le bord du yacht impérial, escortées par la gendarmerie à cheval, les cent-gardes et la garde d'honneur. Elles ont suivi la rue de Paris et le quai d'Orléans pour se rendre à la gare du chemin de fer, au milieu d'un immense concours de population et d'ouvriers qui quittaient leurs travaux pour venir acclamer l'Empereur et l'Impératrice sur leur passage. Les maisons étaient pavoisées et garnies du rez-de-chaussée à la toiture d'une foule enthousiaste jetant des fleurs et poussant des *vivats*. Cet empressement s spontané, si franc de la population de toute classe paraissait toucher vivement Leurs Majestés.

A neuf heures vingt-cinq minutes, l'Empereur arrivait à la gare, gardée par un bataillon du 20ᵉ de ligne. Toutes les autorités civiles et militaires se pressaient dans l'un des salons élégamment décoré par les soins de la compagnie du chemin de fer de l'Ouest. A leur entrée, Leurs Majestés furent saluées par d'unanimes acclamations. M. Clerc, président de la chambre de commerce, s'avança vers l'Empereur et lui dit qu'il avait la satisfaction de lui annoncer qu'il se formait plusieurs compagnies pour l'exploitation de la ligne des paquebots transatlantiques du Havre à New-York, et que l'une d'elles serait composée en grande partie d'éléments havrais.

L'Empereur accueillit avec satisfaction cette communication et promit d'examiner les propositions qui lui seraient faites ultérieurement. Puis se tournant vers M. le Maire et les membres du conseil municipal, il s'exprima à peu près en ces termes :

« Monsieur le Maire,

» Je n'avais pas besoin de venir dans votre ville pour m'y
» intéresser : cependant je suis satisfait d'avoir pu passer
» quelques heures au milieu de vous ; car j'ai pu me rendre
» compte des grands élémens de prospérité que le Havre ren-

» ferme, et qui ne sauraient manquer d'acquérir un prompt
» développement. Je suis heureux de l'excellent accueil que
» vous avez fait à l'Impératrice et à moi et j'en garderai le
» plus agréable souvenir. »

Ces paroles pleines de bienveillance ont été accueillies
par les cris répétés de *Vive l'Empereur!* *Vive l'Impératrice!* qui ont suivi Leurs Majestés jusqu'au moment où
le train impérial s'est mis en mouvement.

Avant de monter en wagon, l'Impératrice remit à
M. le Sous-Préfet un écrin contenant une montre pour
Mlle Maire, qui lui avait offert des fleurs à son arrivée.

Dans la soirée, une dépêche télégraphique datée de
Rouen annonça que l'Empereur avait daigné accorder la
décoration de la Légion-d'Honneur à MM. Demonts,
sous-Préfet, Ed. Larue, maire, et Maire, adjoint. Le
décret de nomination porte les mentions suivantes :

MM. Demonts, sous-préfet au Havre, services distin-
     gués.

    Larue, maire du Havre, 12 ans de services comme
      adjoint, maire, membre de la Chambre de
      commerce.

    Maire, adjoint au maire du Havre, ancien chirur-
      gien de marine, 28 ans de services militaires et
      civils.

Enfin , nous croyons devoir compléter ce récit en reproduisant la dépêche adressée à M. le préfet de la Seine-Inférieure par S. E. le ministre de l'intérieur.

« Paris le 12 août 1857.

» Monsieur le Préfet,

» Leurs Majestés l'Empereur et l'Impératrice ont été vivement touchés de l'accueil qui leur a été fait à Rouen et au Havre. L'Empereur savait bien d'avance qu'il peut toujours compter sur l'affection et le dévoûment des populations de la Normandie : mais l'expression si éclatante et si cordiale de leur sympathie l'a véritablement ému et il m'a chargé de vous le dire.

» Recevez, Monsieur le Préfet, l'assurance de ma considération très distinguée.

» *Le Ministre de l'Intérieur,*

» Signé : **BILLAULT**. »

VI

Tel est le récit fidèle du court séjour fait au Havre par
l'Empereur, dans les journées des 5 et 11 août 1857.
Cette double date marquera dans les annales de notre
ville. Dans le passé, les visites des Princes n'étaient, pour
les villes appelées à l'honneur de les recevoir, qu'une
occasion de dépenses souvent onéreuses. Napoléon III a
toujours voulu que ses voyages fussent profitables aux
localités qu'il visitait, en imprimant une nouvelle impulsion aux éléments de prospérité contenus dans leur sein.
Toutes les personnes qui ont obtenu l'insigne faveur de
l'approcher sont unanimes pour reconnaitre qu'il se
préoccupe vivement de l'avenir du port du Havre. Il en

connaît toute l'importance pour la France, dont il alimente une grande partie. Il sait que son port est insuffisant pour les besoins de la grande navigation, que sa rade, ses magasins pleins de richesses ne sont point protégés contre les attaques de l'ennemi. Il sait aussi que la nature offre tous les moyens désirables de donner satisfaction aux besoins du présent et de l'avenir ; que ces questions débattues depuis vingt-cinq ans n'ont pas encore reçu de solution. Second fondateur du Havre, l'Empereur voudra que, de son règne, date pour le Havre une ère nouvelle de prospérité. Déjà il a délivré notre ville de l'enceinte qui l'étreignait et la gênait dans son développement. Il complétera son œuvre en la dotant d'un nouveau port et d'une rade fermée.

9 782013 626705